室蘭工業大学

CEFR 準拠外国語教材

# ドイツ語

2024

ピカット　マキシー

クラウゼ小野　マルギット

杉浦　康則

# 目次

# Lektion 1

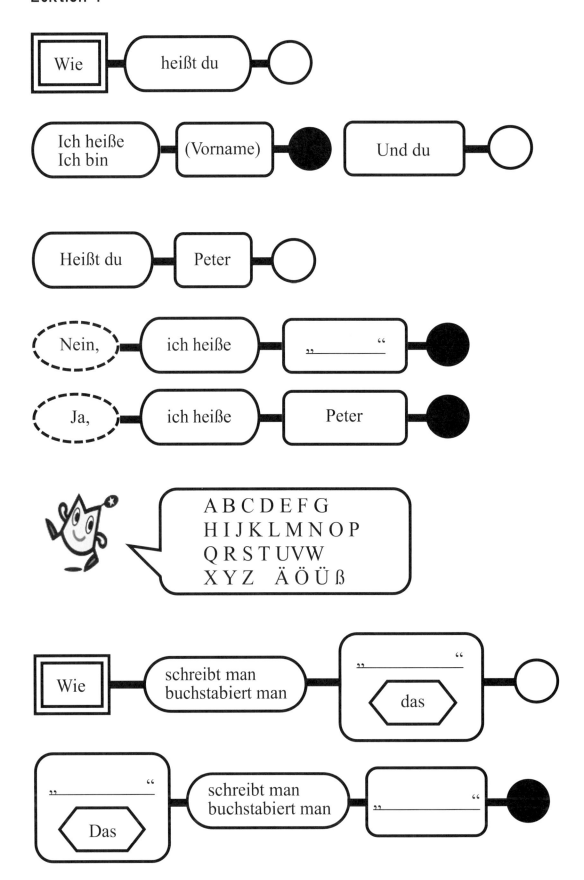

Wie | heißt du | ◯

Ich heiße / Ich bin | (Vorname) | ● | Und du | ◯

Heißt du | Peter | ◯

Nein, | ich heiße | „_____" | ●

Ja, | ich heiße | Peter | ●

A B C D E F G
H I J K L M N O P
Q R S T U V W
X Y Z  Ä Ö Ü ß

Wie | schreibt man / buchstabiert man | „_____" das | ◯

„_____" Das | schreibt man / buchstabiert man | „_____" | ●

| | |
|---|---|
| Ah. | ああ、なるほど。 |
| Alphabet, das, -e | アルファベット |
| April, der | 4月 |
| Auf Wiedersehen! | さようなら！ |
| Beispiel, das, -e | 例 |
| bis | ～まで |
| Bis dann! | じゃ、またね！ |
| Bis nächste Woche! | また来週！ |
| Bitte, bitte! | どういたしまして！ |
| buchstabieren | スペルを言う |
| Danke! | ありがとう！ |
| das | これ、それ |
| Dialog, der, -e | 会話、対話 |
| du | 君 |
| Entschuldigung! | すみません！ |
| er | 彼 |
| es | それ（英：it） |
| Hallo! | こんにちは！（インフォーマル） |
| heißen | ～という、～と呼ばれている |
| ich | 私 |
| Ich bin … | 私は～だ。 |
| Ich heiße … | 私は～というの。 |
| Ja. | はい。（英：Yes.） |
| konjugieren | 変化させる |
| man | 人は（不特定の人） |
| Nein. | いいえ。（英：No.） |
| Sag mal … | ところで |
| schreiben | 書く |
| sein＋1格 | ～である、～だ。 |
| sie | ①彼女、②彼（女）ら。 |
| Sie | あなた（丁寧） |
| Tschüss! | バイバイ！じゃあね！ |
| üben | ～を練習する |
| und | そして、～と |
| Und du? | 君は？ |
| Vorname, der,-n | 名前、ファーストネーム |
| Wie? | どう？ |
| Wie bitte? | 何ですって？、もう一度お願いします。 |
| Wie heißt du? | 君は何というの？ |
| wir | 私たち |

**1. Konjugieren Sie „heißen" und „sein".**

| | heißen | sein |
|---|---|---|
| ich | _____ | _____ |
| du | _____ | _____ |
| er/sie/es | _____ | _____ |
| ～～～～～～～～～～～～ | | |
| wir | _____ | _____ |
| Sie/sie | _____ | _____ |

1. Hallo. Wie heißt du?

2. Hallo, ich heiße Muropyon. Und du?

3. Ich bin Pinguin.

4. Wie schreibt man das?

5. P I N G U I N. Und du?

6. M U R O P Y O N. Toll. Nicht wahr?

**1. Üben Sie das Alphabet.**

Beispiel:

A: Wie schreibt man „April"?

B: Das buchstabiert man:

A-p-r-i-l.

A: Ah. Danke.

B: Bitte, bitte.

**2. Konjugieren Sie „schreiben" und „buchstabieren".**

### schreiben

ich       _____

du       _____

er/sie/es       _____

~~~~~~~~~~~~~~~~~

wir       _____

Sie/sie       _____

### buchstabieren

ich       _____

du       _____

er/sie/es       _____

~~~~~~~~~~~~~~~~~

wir       _____

Sie/sie       _____

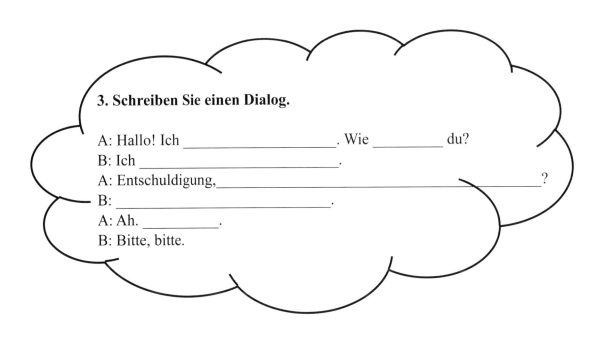

**3. Schreiben Sie einen Dialog.**

A: Hallo! Ich _____. Wie _____ du?

B: Ich _____.

A: Entschuldigung,_____?

B: _____.

A: Ah. _____.

B: Bitte, bitte.

**Das Alphabet**

| | | | | | | |
|---|---|---|---|---|---|---|
| A | Atom, das, -e | 原子 | P | Plutonium, das | プルトニウム |
| B | Biologie, die | 生物学 | Q | Qualität, die, -en | 質 |
| C | Chemie, die | 化学 | R | Reaktor, der, -en | 原子炉 |
| D | Deutschland | ドイツ | S | Sonne, die, -n | 太陽、日光 |
| E | Energie, die, -n | エネルギー | T | Technik, die, -en | 技術、工学 |
| F | Forschung, die, -en | 研究 | U | Umwelt, die | 環境 |
| G | Gesundheit, die, -en | 健康 | V | Verfahren, das | やり方、方法 |
| H | Himmel, der, - | 空、天 | W | Wasser, das | 水 |
| I | Industrie, die, -n | 工業、産業 | X | X- Strahlen | X線 |
| J | Jod, das | ヨウ素 | Y | Yeti, der, -s | 雪男 |
| K | Kernenergie, die | 原子力 | Z | Zentrum, das , -tren | 中心、中央 |
| L | Licht, das, -er | 光、照明 | Ä | Ästhetik, die, -en | 美学 |
| M | Magnet, der, -e | 磁石 | Ö | Ökologie, die | 生態学、エコロジー |
| N | Natur, die | 自然 | Ü | Überfluss, der | 過剰 |
| O | Ozon, das | オゾン | | | |

*Notizen*

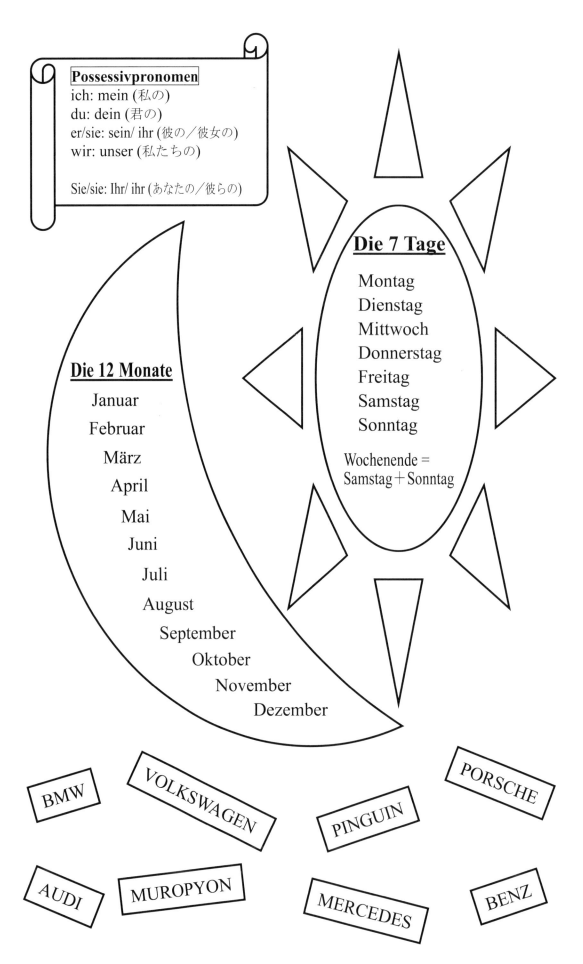

**Possessivpronomen**
ich: mein (私の)
du: dein (君の)
er/sie: sein/ ihr (彼の／彼女の)
wir: unser (私たちの)

Sie/sie: Ihr/ ihr (あなたの／彼らの)

## Die 7 Tage

Montag
Dienstag
Mittwoch
Donnerstag
Freitag
Samstag
Sonntag

Wochenende =
Samstag＋Sonntag

## Die 12 Monate

Januar
Februar
März
April
Mai
Juni
Juli
August
September
Oktober
November
Dezember

BMW

VOLKSWAGEN

PORSCHE

PINGUIN

AUDI

MUROPYON

MERCEDES

BENZ

5

# Lektion 2

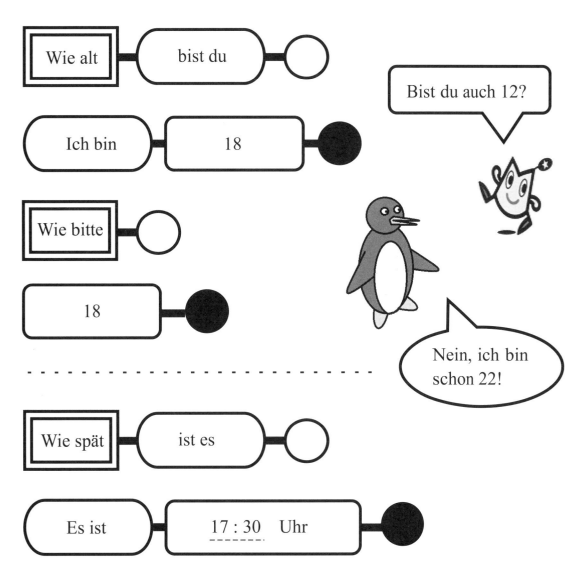

Wie alt — bist du — ◯

Ich bin — 18 — ●

Bist du auch 12?

Wie bitte — ◯

18 — ●

Nein, ich bin schon 22!

Wie spät — ist es — ◯

Es ist — 17 : 30  Uhr — ●

| Zahlen! | | | |
|---|---|---|---|
| 0 null | | | |
| 1 eins | 11 elf | 21 einundzwanzig | 10 zehn |
| 2 zwei | 12 zwölf | 22 zweiundzwanzig | 20 zwanzig |
| 3 drei | 13 dreizehn | 23 dreiundzwanzig | 30 dreißig |
| 4 vier | 14 vierzehn | 24 vierundzwanzig | 40 vierzig |
| 5 fünf | 15 fünfzehn | 25 fünfundzwanzig | 50 fünfzig |
| 6 sechs | 16 sechzehn | 26 sechsundzwanzig | 60 sechzig |
| 7 sieben | 17 siebzehn | 27 siebenundzwanzig | 70 siebzig |
| 8 acht | 18 achtzehn | 28 achtundzwanzig | 80 achtzig |
| 9 neun | 19 neunzehn | 29 neunundzwanzig | 90 neunzig |
| 10 zehn | 20 zwanzig | 30 dreißig | 100 (ein)hundert |

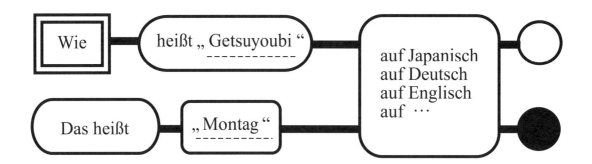

| auch | も |
|---|---|
| Auch gut, danke. | 私も元気です、ありがとう。 |
| auf Deutsch | ドイツ語で |
| auf Englisch | 英語で |
| auf Japanisch | 日本語で |
| bitte | お願いします |
| Danke gut. Und dir? | 元気です。君は元気？ |
| Deutsch | ドイツ語 |
| Eltern, die | 両親 |
| Englisch | 英語 |
| Es geht. | まあまあです。 |
| Familienname, der, -n | 名字、姓 |
| Guten Abend | こんばんは |
| Guten Morgen | おはよう |
| Guten Tag | こんにちは |
| heißen | 〜という意味である |
| Japanisch | 日本語 |
| Mutter, die, Mütter | 母 |
| noch einmal | もう一度 |
| Noch einmal, bitte. | もう一度お願いします。 |
| schon | もう、すでに |
| übrigens | ところで |
| Vater, der, Väter | 父 |
| Wer | だれ |
| Wie alt bist du? | 君は何歳ですか？ |
| Wie alt ist er/sie? | 彼／彼女は何歳ですか？ |
| Wie alt sind Sie? | あなたは何歳ですか？ |
| Wie geht's? | 元気？ |
| Wie heißt …? | 何というの？ |
| Wie spät ist es? | 何時？ |
| wirklich | 本当に |
| Woche, die, -n | 週 |
| Zahl, die, -en | 数字 |

# Deutschland und seine Nachbarländer

# Lektion 3

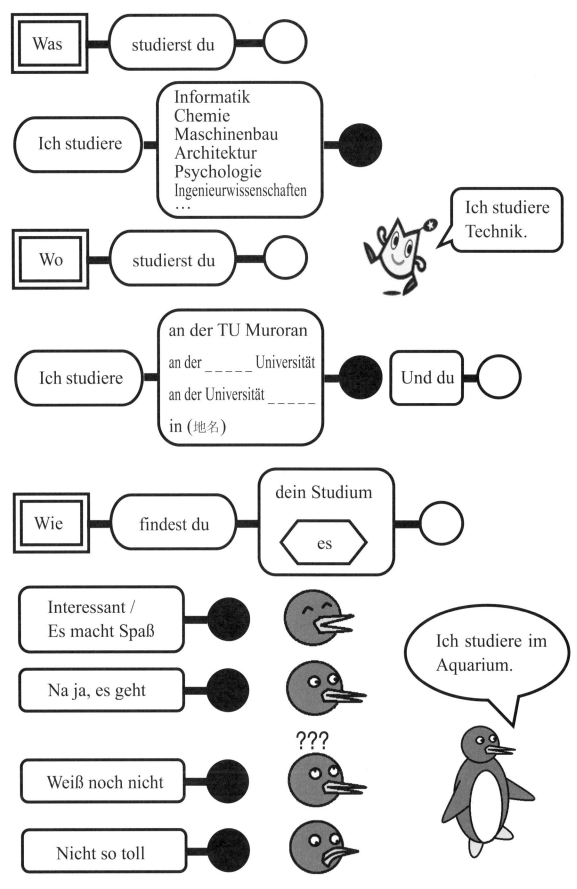

Was studierst du ○

Ich studiere **Informatik / Chemie / Maschinenbau / Architektur / Psychologie / Ingenieurwissenschaften …** ●

Ich studiere Technik.

Wo studierst du ○

Ich studiere **an der TU Muroran / an der _ _ _ _ _ Universität / an der Universität _ _ _ _ _ / in (地名)** ● Und du ○

Wie findest du **dein Studium / es** ○

Interessant / Es macht Spaß ●

Na ja, es geht ●

Weiß noch nicht ●

Nicht so toll ●

???

Ich studiere im Aquarium.

| | |
|---|---|
| an | 〜のところで、〜で |
| an der TU Muroran | 室蘭工業大学で |
| Aquarium, das, -rien | 水族館 |
| Architektur, die | 建築学 |
| Chemie, die | 化学 |
| dein | 君の |
| denn | 興味を示す時のdenn |
| eigentlich | そもそも、本当は |
| Es macht Spaß. | 楽しい。 |
| finden | 〜と思う |
| im Aquarium | 水族館で |
| in | 〜で／に |
| Informatik, die | 情報科学、コンピューターリテラシー |
| Ingenieurwissenschaften, die | 工学 |
| interessant | 面白い |
| Maschinenbau, der | 機械工学 |
| Medizin, die | 医学 |
| Meeresbiologie, die | 海洋生物学 |
| Na ja, es geht. | まあまあだね。 |
| Nicht so toll. | それほどよくない。 |
| Psychologie, die | 心理学 |
| studieren | （大学で）専攻する |
| Studium, das, Studien | （大学での）学修、勉学 |
| Universität, die, -en | 大学 |
| was | 何 |
| Weiß noch nicht. | まだ分からない。 |
| wo | どこ |

**1. Konjugieren Sie „studieren" und „finden".**

**studieren**

ich _____
du _____
er/sie/es _____
〜〜〜〜〜〜〜〜〜〜〜
wir _____

Sie/sie _____

**finden**

ich _____
du _____
er/sie/es _____
〜〜〜〜〜〜〜〜〜〜〜
wir _____

Sie/sie _____

1. Studierst du Medizin?

2. Nein, ich studiere Meeresbiologie.

3. Oh, interessant!

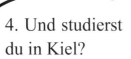

4. Und studierst du in Kiel?

5. Nein, in Muroran, in Japan.

## Lektion 4

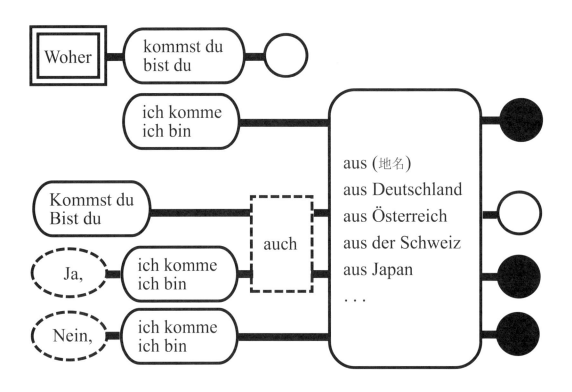

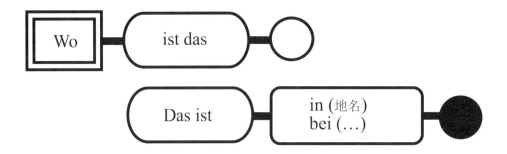

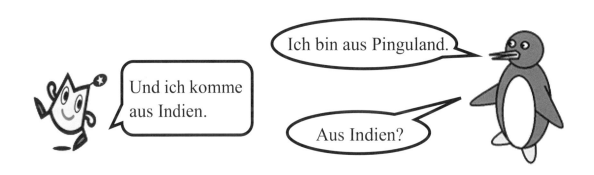

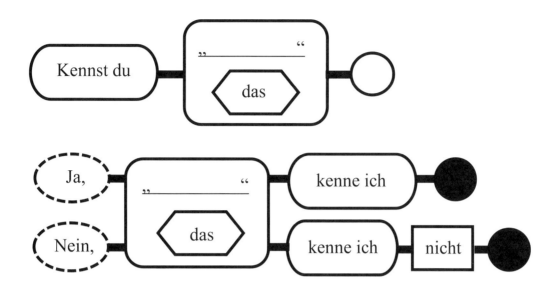

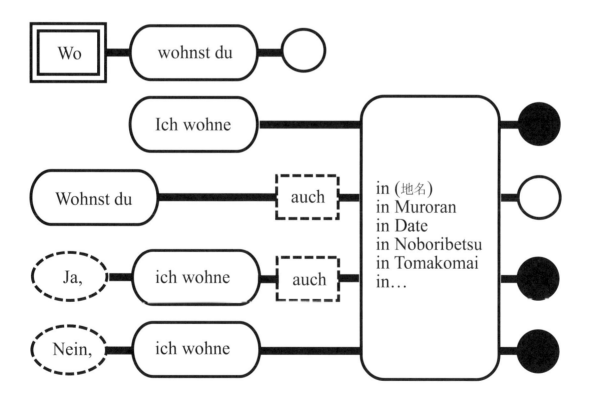

| | |
|---|---|
| Ach so. | ああ、そうですか。 |
| Adresse, die, -n | 住所 |
| aus | 〜から |
| bei | 〜で、〜の近くで |
| das | これ、それ |
| Das weiß ich nicht. | 知りません。 |
| Deutschland | ドイツ |
| Freund, der, -e | 友人（男） |
| Freundin, die, -nen | 友人（女） |
| Ich bin / komme aus …. | 私は〜の出身です。 |
| in | 〜で、〜に |
| Indien | インド |
| Japan | 日本 |
| kennen | 知っている |
| Kennst du das? | それを知っている？ |
| kommen | 来る、〜出身である |
| morgen | 明日 |
| Na, so was. | なんてことだ。 |
| nicht | 〜ない（英：not） |
| Noch einmal, bitte. | もう一度お願いします。 |
| noch nie gehört | 聞いたことがない |
| Österreich | オーストリア |
| Postleitzahl, die -en | 郵便番号 |
| Schweiz, die (aus der Schweiz) | スイス（スイスから） |
| Verstehe. | わかった。 |
| Was ist das ? | それは何？ |
| wo | どこ |
| Wo ist das? | それはどこ？ |
| Wo wohnst du? | どこに住んでいるの？ |
| woher | どこから、出身を聞く単語 |
| Woher kommst du? | 出身はどこ？ |
| wohnen | 住む |
| zwischen | 〜と…の間に |

## 1. Konjugieren Sie „kommen", „wohnen" und „kennen".

### kommen

ich _____

du _____

er/sie/es _____

〜〜〜〜〜〜〜〜〜〜〜

wir _____

Sie/sie _____

### wohnen

ich _____

du _____

er/sie/es _____

〜〜〜〜〜〜〜〜〜〜〜

wir _____

Sie/sie _____

### kennen

ich _____

du _____

er/sie/es _____

〜〜〜〜〜〜〜〜〜〜〜

wir _____

Sie/sie _____

## 2. Machen Sie einen Dialog.

A: _____ kommst du ?

B: Ich bin _____ Rumoi.

A: Und _____ wohnst du jetzt?

B: Ich wohne _____ Muroran.

A: Aha, kennst du Usu?

B: _____

# Anmeldung, Angaben zur Person

Familienname:_____     Vorname:_____

Geburtsdatum:_____     Geburtsort:_____

Alter:_____     Geschlecht: weiblich / männlich / divers

Wohnort: _____

Postleitzahl:_____     Handynummer:_____

E-Mail-Adresse:_____

Studienfach:_____     Matrikelnummer:_____

Ort,                              Datum:_____

Unterschrift:_____

| Alter, das, - | 年齢 |
|---|---|
| Angaben zur Person | 個人情報 |
| Anmeldung, die, -en | 申し込み、届け出、登録 |
| Datum, das, Daten | 日付 |
| divers | 多様、ディバース（「男性」、「女性」以外の第3の性) |
| E-Mail-Adresse, die, -n | メールアドレス |
| Geburtsdatum, das, -daten | 生年月日 |
| Geburtsort, der, -e | 出生地 |
| Geschlecht, das, -er | 性別 |
| Handynummer, die, -n | 携帯番号 |
| Matrikelnummer, die, -n | 学籍番号 |
| männlich | 男性の |
| Ort, der, -e | 場所、現場 |
| Studienfach, das, -fächer | 専攻科目 |
| Unterschrift, die, -en | サイン |
| weiblich | 女性の |
| Wohnort, der, -e | 居住地 |

*Notizen*

## Lektion5

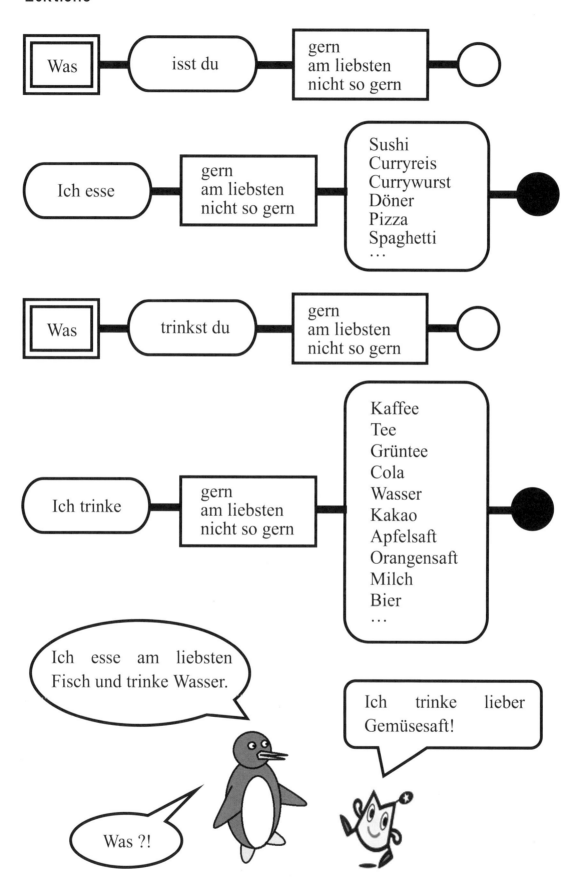

| | |
|---|---|
| am liebsten | 一番好き |
| Apfelsaft, der | リンゴジュース |
| Aubergine, die, -n | ナス |
| Auch gut, danke | 私も元気です、ありがとう。 |
| bestellen | 注文する |
| bezahlen | 支払う |
| Bier, das | ビール |
| Brot, das, -e | パン |
| Butter, die | バター |
| Cola, das | コーラ |
| Curryreis, der | カレーライス |
| Currywurst, die, -würste | カレーソーセージ |
| Das ist lecker. | それはおいしい。 |
| Das schmeckt gut. | それはおいしい。 |
| Das stimmt. | そのとおり。 |
| Döner, der | ケバブ |
| Durst, der | （喉の）渇き |
| ein Glas | グラス一杯の |
| ein Glas Rotwein - | グラス一杯のワイン |
| essen | 食べる |
| Fisch, der, -e | 魚 |
| Gemüsesaft, der | 野菜ジュース |
| gern | 好き、喜んで |
| getrennt | 別々で |
| Gratin, das, -s | グラタン |
| Gyros, das | ギロス |
| Hackfleisch, das | ひき肉 |
| Hunger, der | 空腹 |
| Ist das lecker? | それはおいしい？ |
| Ja, das geht. | ああ、それは大丈夫。 |
| Ja, das ist lecker! | はい、それはおいしいです。 |
| Ja, das schmeckt prima! | はい、それはとてもおいしいです。 |
| Jogurt, der | ヨーグルト |
| Kaffee, der | コーヒー |
| Kakao, der | ココア |
| Kalmar, der | ヤリイカ |
| Ketchup, der / das, -s | ケチャップ |
| Kommt sofort. | すぐに持ってきます。 |
| lecker | おいしい |
| lieber | 〜のほうが好き |
| Makrele, die | サバ |
| Milch, die | 牛乳 |
| Miso, das, -s | 味噌 |
| mit | 〜をつけた、のせた、入り |
| mit Milch / Zucker | 牛乳入り / 砂糖入り |
| ohne Milch / Zucker | 牛乳なし / 砂糖なし |
| Oktopus, der | タコ |

| | |
|---|---|
| Orangensaft, der | オレンジジュース |
| packend | 感動的な |
| Pizza, die, -s | ピザ |
| Reis, der | 米 |
| Reiswein, der | 日本酒 |
| Rotwein, der | 赤ワイン |
| Saft, der, Säfte | ジュース |
| Sake, der | 日本酒 |
| Salat, der, -e | サラダ |
| Sardine, die | イワシ |
| Schmeckt das gut? | それはおいしい？ |
| sehr | とても |
| Spaghetti, die | スパゲッティ |
| Suppe, die, -n | スープ |
| Sushi, der, -s | 寿司 |
| Stimmt so. | お釣りはけっこうです。 |
| Tee, der, -s | 茶、紅茶 |
| Tisch, der, -e | 机、テーブル |
| Tofu, der/das | 豆腐 |
| trinken | 飲む |
| Tomatensaft, der | トマトジュース |
| Wasser, das | 水 |
| Wein, der | ワイン |
| Weißwein, der | 白ワイン |
| Zitrone, die, -n | レモン |
| Zucker, der | 砂糖 |

Was isst du denn gern?

Ich esse am liebsten Sardine!

Schmeckt das gut?!

Aber ja! Das ist super lecker!

## 1. Konjugieren Sie „trinken" und „essen".

|  | trinken | essen |
|---|---|---|
| ich | _____ | _____ |
| du | _____ | _____ |
| er/sie/es | _____ | _____ |

~~~~~~~~~~~~~~~~~~~~~~~~~~~~~~~~~~~~~~~~~

|  | trinken | essen |
|---|---|---|
| wir | _____ | _____ |
| Sie/sie | _____ | _____ |

Notizen

# Lektion 6

| | |
|---|---|
| Basketball spielen | バスケットボールをする |
| Computerspiel, das, -e | コンピューターゲーム |
| denn | なぜなら |
| DVD, die, -s | DVD |
| ein Bier trinken gehen | 飲みに行く |
| essen gehen | 食べに行く |
| etwas | 何か |
| Fahrrad fahren | 自転車に乗る |
| Film, der, -e | 映画 |
| Fußball spielen | サッカーをする |
| Fußballspiel, das, -e | サッカーの試合 |
| gehen | （歩いて）行く |
| Geige spielen | ヴァイオリンを弾く |
| gern(e) | 好き、喜んで～する |
| Gitarre spielen | ギターを弾く |
| Go spielen | 碁を打つ |
| Hobby, das, -s | 趣味 |
| hören | 聞く |
| im Internet surfen | ネットサーフィンをする |
| immer | いつも |
| ins Café gehen | 喫茶店に行く |
| ins Kino gehen | 映画館に行く |
| Jazz, der | ジャズ |
| Karate machen | 空手をする |
| Karten spielen | トランプをする |
| klassische Musik | クラシック音楽 |
| Klavier spielen | ピアノを弾く |
| lieber | ～のほうが好き |
| machen | 作る、する |
| mit | （人）と |
| mit Freunden | 友人たちと |
| Musik hören | 音楽を聴く |
| Musik machen | 音楽活動をする |
| Oh, toll! | すばらしいね！いいね！ |
| Popmusik, die | ポップス |
| Radio hören | ラジオを聴く |
| Schach spielen | チェスを指す |
| schwimmen | 泳ぐ |
| sehen | 見る |
| singen | 歌う |
| Ski fahren | スキーをする |
| Ich fahre Ski. | 私はスキーをします。 |
| Snowboard fahren | スノーボードをする |
| spazieren gehen | 散歩をする |
| Ich gehe spazieren. | 私は散歩をします。 |
| Sport, der | スポーツ |
| Sport machen | スポーツをする |
| surfen | サーフィンをする |

| | |
|---|---|
| tanzen | 踊る |
| tauchen | もぐる |
| Tischtennis spielen | 卓球をする |
| Was? | 何？ |
| zusammen | 一緒に |

## 1. Konjugieren Sie „sehen" und „fahren".

### sehen

ich _____

du _____

er/sie/es _____

~~~~~~~~~~~~~~~~

wir _____

Sie/sie _____

### fahren

ich _____

du _____

er/sie/es _____

~~~~~~~~~~~~~~~~

wir _____

Sie/sie _____

## 2. Schreiben Sie einen Dialog.

A: _____ du gern Ski?

B: Hm, das _____ ich

_____ _____ gern.

Ich s\_\_\_\_\_ l\_\_\_\_\_ Anime.

A: Das _____ ich auch \_\_\_\_!

B: Prima! _____ wir \_\_\_\_

Kino?

19

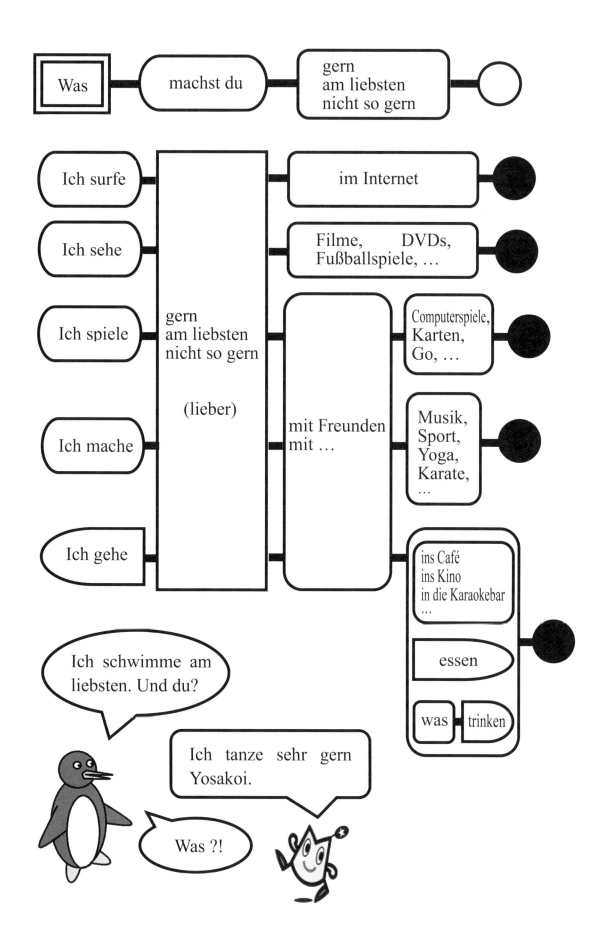

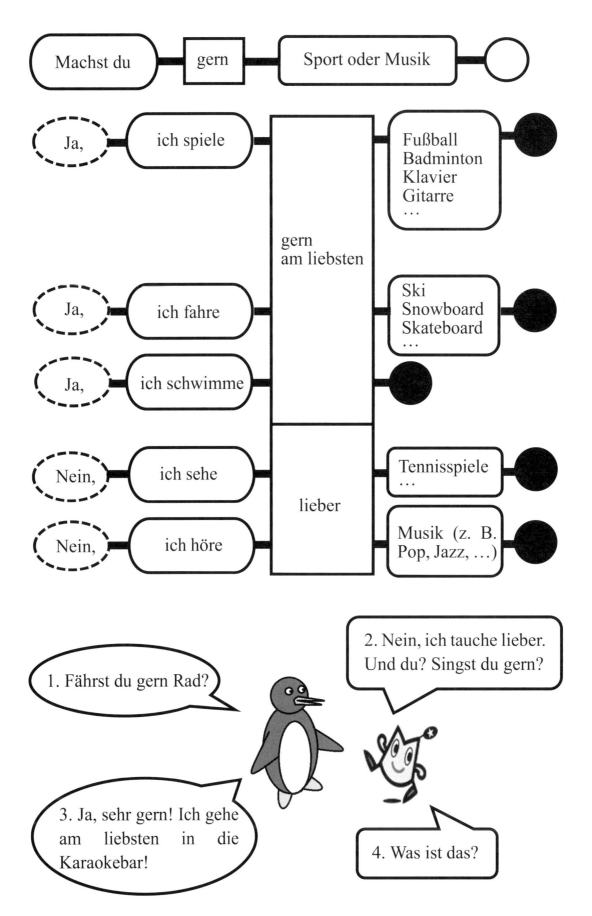

21

## Lektion 7

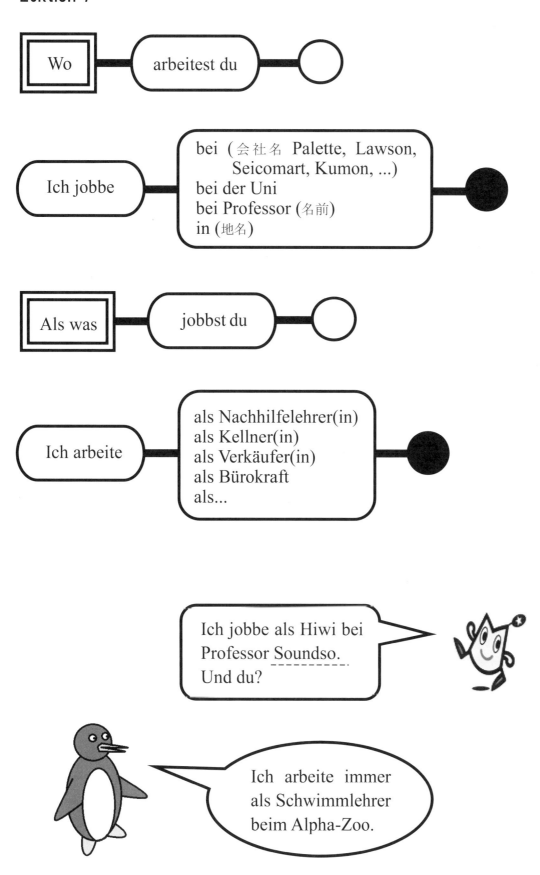

Wo — arbeitest du — ○

Ich jobbe — bei (会社名 Palette, Lawson,
　　　　　　　　　Seicomart, Kumon, ...)
bei der Uni
bei Professor (名前)
in (地名) — ●

Als was — jobbst du — ○

Ich arbeite — als Nachhilfelehrer(in)
als Kellner(in)
als Verkäufer(in)
als Bürokraft
als... — ●

Ich jobbe als Hiwi bei
Professor Soundso.
Und du?

Ich arbeite immer
als Schwimmlehrer
beim Alpha-Zoo.

22

| | |
|---|---|
| als | 〜として |
| Als was? | どんな職種で？ |
| arbeiten | 働く、仕事する |
| bei | 〜で、〜の近くで |
| Bürokraft, die, -kräfte | 事務員 |
| Englisch | 英語 |
| für | 〜のために、〜のための |
| für Englisch | 英語のための |
| haben | ある、持っている |
| Hiwi, der, -s | 研究補助員 |
| Ich habe keine Zeit. | 私は時間がない。 |
| Ich jobbe nicht. | 私はアルバイトしない。 |
| immer | いつも |
| in | 〜で、〜に |
| jobben | アルバイトする |
| kein | 一つも〜ない |
| Kellner, der, - | ウェイター、ホール係（男） |
| Kellnerin, die, -nen | ウェイトレス、ホール係（女） |
| manchmal | 時々 |
| Nachhilfelehrer, der, - | 塾講師、家庭教師（男） |
| Nachhilfelehrerin, die, -nen | 塾講師、家庭教師（女） |
| Schwimmlehrer, der, - | 水泳の先生 |
| Verkäufer, der, - | 店員（男） |
| Verkäuferin, die, -nen | 店員（女） |
| Zeit, die | 時間 |
| zurzeit | 今のところ |

**1. Konjugieren Sie „arbeiten" und „jobben".**

**arbeiten**

ich _____
du _____
er/sie/es _____
~~~~~~~~~~~~~~~~~~~~
wir _____

Sie/sie _____

**jobben**

ich _____
du _____
er/sie/es _____
~~~~~~~~~~~~~~~~~~~~
wir _____

Sie/sie _____

**2. Schreiben Sie einen Dialog.**

A: Übrigens, j_____ du manchmal?
B: Nein, ich _____ _____ Zeit. Und du?
A: Ich a_____ immer _____ Kellner _____ Tapas.
B: Wie f_____ du es?
A: _____.

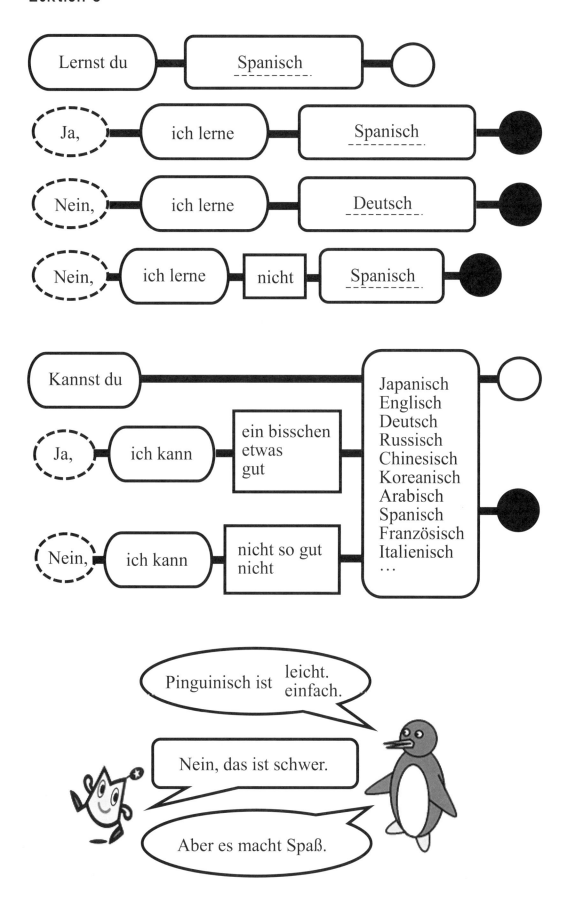

| | |
|---|---|
| Arabisch | アラビア語 |
| Chinesisch | 中国語 |
| ein bisschen | ちょっと |
| einfach | 簡単 |
| Englisch | 英語 |
| etwas | 少し |
| Französisch | フランス語 |
| ganz gut | まあまあ良い、そこそこ良い |
| gut | 上手、良い |
| Ich muss los! | 行かなきゃ！ |
| Italienisch | イタリア語 |
| Japanisch | 日本語 |
| jetzt | 今 |
| können | できる、～することができる |
| Koreanisch | 韓国語 |
| leicht | 簡単、軽い |
| lernen | 学ぶ、覚える、勉強する |
| nicht | ～ない（英：not） |
| nicht gut | 上手ではない |
| nicht so gut | それほど上手ではない |
| nur | ～だけ、～しか～ない |
| Russisch | ロシア語 |
| schwer | 難しい、重い |
| Spanisch | スペイン語 |
| sprechen | 話す |
| toll | すごい |

**2. Konjugieren Sie „lernen" und „können".**

**lernen**

ich _____

du _____

er/sie/es _____

~~~~~~~~~~~~~~~~~~~

wir _____

Sie/sie _____

**können**

ich _____

du _____

er/sie/es _____

~~~~~~~~~~~~~~~~~~~

wir _____

Sie/sie _____

**1. Machen Sie einen Dialog.**

A: Kannst du _____?

B: Ja, ich _____ ein

  bisschen _____, und

  jetzt _____ ich

  _____.

A: Ich lerne auch _____!

  _____ findest _____

  _____?

B: _____.Und du?

A: _____.

Kannst du Arabisch?

Nein, aber ich kann Französisch…

Was ?!?

25

# Deutschland und seine Nachbarländer

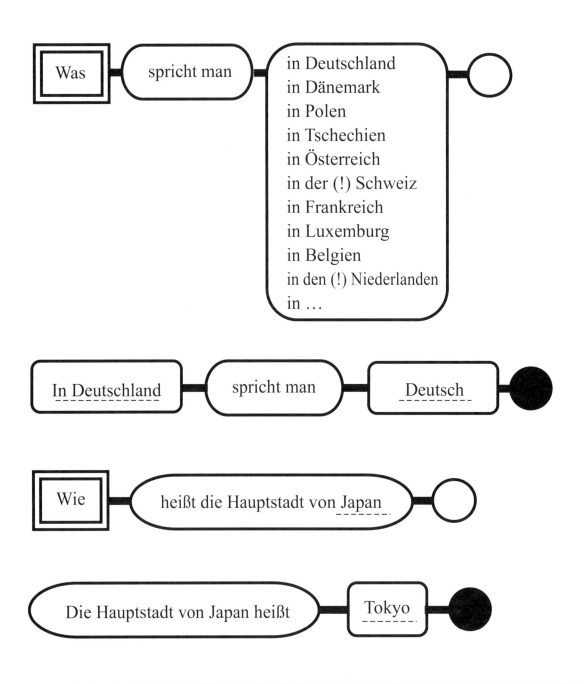

| Dänemark | デンマーク | Polen | ポーランド |
|---|---|---|---|
| Dänisch | デンマーク語 | Polnisch | ポーランド語 |
| Italien | イタリア | Portugal | ポルトガル |
| Italienisch | イタリア語 | Portugiesisch | ポルトガル語 |
| Frankreich | フランス | Spanien | スペイン |
| Französisch | フランス語 | Spanisch | スペイン語 |
| Luxemburg | ルクセンブルク | Tschechien | チェコ |
| Luxemburgisch | ルクセンブルク語 | Tschechisch | チェコ語 |
| die Niederlande | オランダ | Hauptstadt, die -städte | 首都 |
| Niederländisch | オランダ語 | Das weiß ich nicht. | 私はそれを知らない。 |

Notizen

# Lektion 9

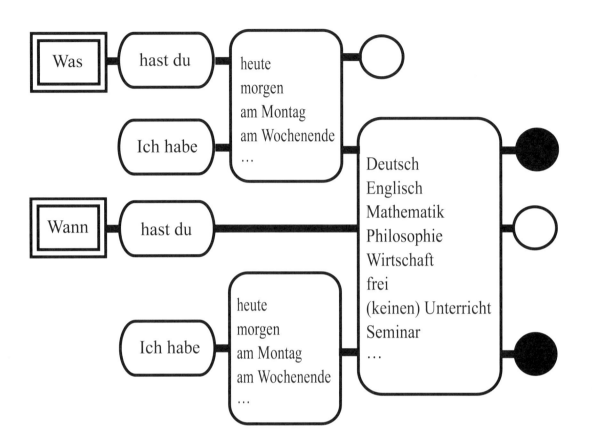

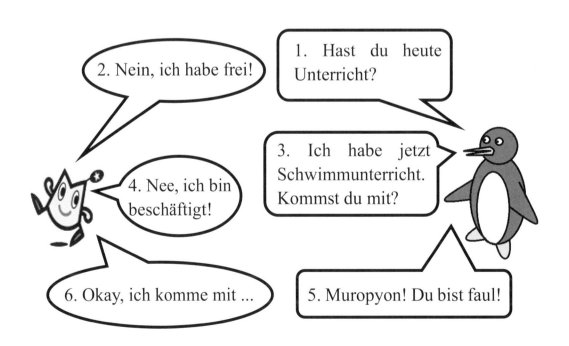

| | |
|---|---|
| aber | しかし |
| Auch gut, danke. | 私も元気です、ありがとう。 |
| am | ～曜日に、～日に |
| beschäftigt sein | 忙しい |
| Danke gut, und dir? | 元気です、君は元気？ |
| Das geht. | まあ、だいじょうぶ。 |
| Das geht ja. | あまり大変ではないね。 |
| Das ist aber viel! | それは多いね！ |
| Das ist nicht so viel! | それはそれほど多くないね！ |
| Das ist wenig! | それは少ないね！ |
| frei haben | 暇がある、授業がない、仕事がない |
| Freistunde, die, -n | 自由時間、空きコマ |
| Ich bin wirklich sehr beschäftigt. | 本当にとても忙しいです。 |
| keinen Unterricht haben | 授業がない |
| Mathematik, die | 数学 |
| mit\|kommen | 一緒に来る、一緒に行く |
| nicht so viel | そんなに多くない |
| nur | ～だけ |
| Philosophie, die | 哲学 |
| Politik, die | 政治 |
| pro Woche | 一週間に |
| Seminar, das -e | ゼミ、演習 |
| Stunde, die, -n | 時間、～限目 |
| Unterricht, der | 授業 |
| Unterrichtsstunde, die, -n | 授業時間、コマ |
| viel | 多い |
| Vorlesung, die, -en | 講義 |
| Wann? | いつ？ |
| wenig | 少ない |
| Wie geht's? | 元気？ |
| Wie viel(e)? | どのくらい？ |
| Woche, die, -n | 週 |
| Wochenende, das, -n | 週末 |

**1. Wie heißt das auf Deutsch?**

授業はいつありますか？

水曜日にはどんな授業がありますか？

忙しいですか？

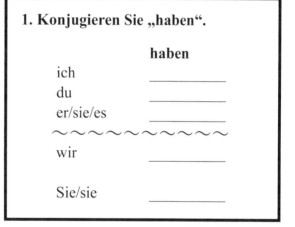

**1. Konjugieren Sie „haben".**

**haben**

ich ＿＿＿＿＿
du ＿＿＿＿＿
er/sie/es ＿＿＿＿＿
～～～～～～～～～～
wir ＿＿＿＿＿

Sie/sie ＿＿＿＿＿

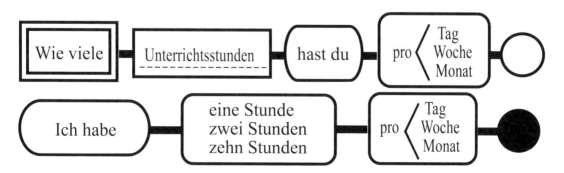

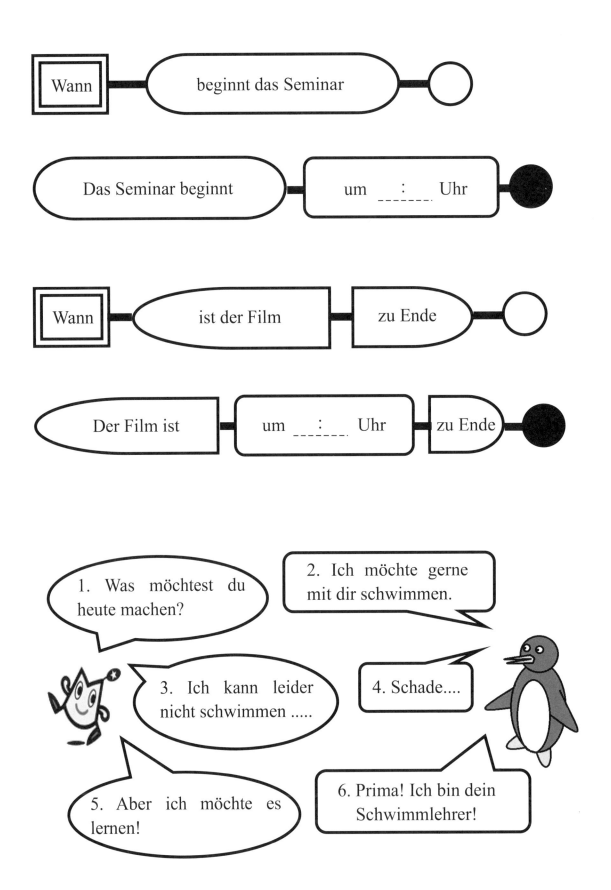

| | |
|---|---|
| an der Uni | 大学で |
| beginnen | 始まる |
| Bis dann! | じゃあまた！ |
| Deutschunterricht, der | ドイツ語の授業 |
| Familie, die, -n | 家族 |
| Film, der, -e | 映画 |
| Freund, der, -e | 友人（男） |
| heute | 今日 |
| jetzt | 今 |
| Konzert, das, -e | コンサート |
| Kurs, der, -e | コース、授業 |
| Mittagspause, die, -n | 昼休み |
| morgen | 明日 |
| Nachrichten, die | ニュース |
| nächst- | 次の～ |
| nächste Woche | 来週 |
| okay | オッケー |
| sehr | とても |
| Seminar, das, -e | ゼミ、演習 |
| Tag, der, -e | 日 |
| Uhr, die, -en | 時計、～時 |
| Uhrzeit, die, -en | 時刻 |
| um | ～時に |
| Unterricht, der | 授業 |
| von | ～から |
| Vorlesung, die, -en | 講義 |
| Wie spät? | 何時？ |
| Woche, die, -n | 週 |
| Zahl, die, -en | 数字 |
| zu Ende sein | 終わる |
| zum Beispiel (z. B.) | 例えば |

## 1. Fragen und Antworten.

A: Wie spät ist es jetzt?

B: _____

A: Wann beginnt der Deutschunterricht?

B: _____ _____ um _____

A: Wann ist er zu Ende?

B: _____ _____ um _____ _____

A: Wann beginnt die Mittagspause?

B: _____ _____ um _____

A: Wann ist sie zu Ende?

B: _____ _____ um _____ _____

Wann beginnt deine Schwimmstunde?

Um 23:00 Uhr.

Was? So spät?

Ja, und um 4:00 Uhr ist sie zu Ende.

…?!?

*Notizen*

# Lektion 11

## Wiederholung

### 1. Wie heißen die Wochentage?

M_____
D_____
M_____
D_____
F_____
S_____
S_____

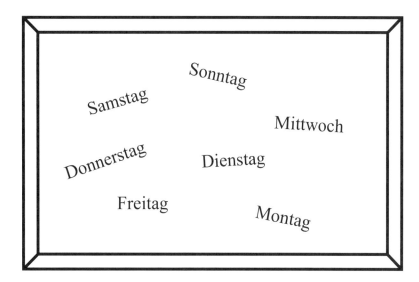

Sonntag

Samstag

Mittwoch

Donnerstag          Dienstag

Freitag

Montag

### 2. Wie heißen die Monate?

1. _____
2. _____
3. _____
4. _____
5. _____
6. _____
7. _____
8. _____
9. _____
10. _____
11. _____
12. _____

September          Juni

August          März

Februar          Juli          Dezember

Januar

Mai          Oktober          November          April

## Ein Tag

| | | |
|---|---|---|
| Am Morgen (morgens) | ~~~ | von 6:00 bis 8:00 Uhr |
| Am Vormittag (vormittags) | ~~~ | von 8:00 bis 12:00 Uhr |
| Am Mittag (mittags) | ~~~ | von 12:00 bis 13:00 Uhr |
| Am Nachmittag (nachmittags) | ~~~ | von 13:00 bis 17/18:00 Uhr |
| Am Abend (abends) | ~~~ | von 17/18:00 bis 22/23:00 Uhr |
| In der (!) Nacht (nachts) | ~~~ | von 22/23:00 bis 6:00 Uhr |

Was — machst du — so — den ganzen Tag am Wochenende

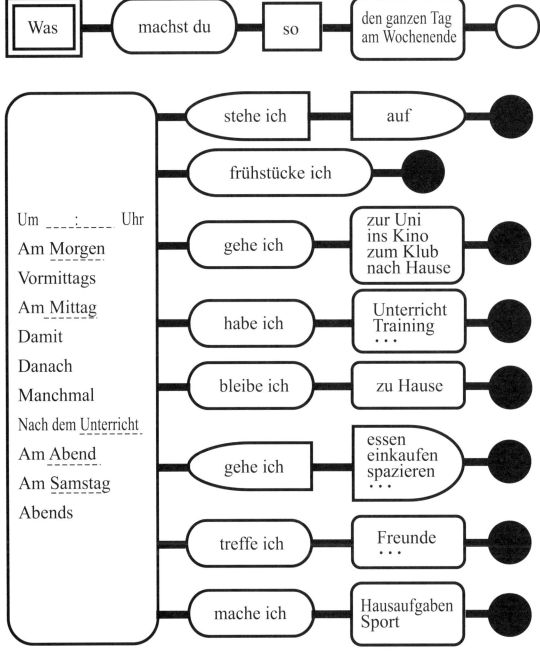

Um ___:___ Uhr
Am Morgen
Vormittags
Am Mittag
Damit
Danach
Manchmal
Nach dem Unterricht
Am Abend
Am Samstag
Abends

- stehe ich — auf
- frühstücke ich
- gehe ich — zur Uni / ins Kino / zum Klub / nach Hause
- habe ich — Unterricht / Training / ...
- bleibe ich — zu Hause
- gehe ich — essen / einkaufen / spazieren / ...
- treffe ich — Freunde / ...
- mache ich — Hausaufgaben / Sport

| | |
|---|---|
| zu | ～へ |
| zu Hause | 家で |
| zum Klub gehen | クラブに行く |

| | |
|---|---|
| abends | 晩に |
| am Abend | 晩に |
| am Mittag | 昼に |
| am Morgen | 朝に |
| am Nachmittag | 午後に |
| am Vormittag | 午前に |
| am Wochenende | 週末に |
| auf\|stehen | 起きる |
| Bibliothek, die, -en | 図書館 |
| bleiben | いる、残る |
| danach | その後 |
| dann | それから |
| den ganzen Tag | 一日中 |
| einkaufen gehen | 買い物に行く |
| essen gehen | 食べに行く |
| fahren | （乗り物で）行く |
| Freund, der, -e | 友人（男） |
| Freundin, die, -nen | 友人（女） |
| frühstücken | 朝食をとる |
| ganz | 完全な、すっかり、まあまあ |
| haben | ある、持っている |
| Hausaufgabe, die, -n | 宿題 |
| in | ～に |
| ins Kino gehen | 映画館に行く |
| jobben gehen | アルバイトに行く |
| lernen | 学ぶ |
| machen | する |
| manchmal | 時々 |
| meistens | たいてい |
| mittags | 昼に |
| nach | ～の後 |
| nach dem Unterricht | 授業の後 |
| nach Hause | 家へ |
| nachmittags | 午後に |
| Nacht, die, Nächte | 夜 |
| nachts | 夜に |
| oft | よく、たびたび |
| Referat, das, -e | 発表、プレゼン |
| spazieren gehen | 散歩をする |
| Sonntag, der, -e | 日曜日 |
| Tag, der, -e | 日 |
| Training, das, -s | トレーニング |
| treffen | 会う |
| um | ～時に |
| Uni, die, -s | 大学 |
| von | ～から |
| vormittags | 午前に |
| Wochenende, das, -n | 週末 |

**1. Konjugieren Sie „zu Hause bleiben" und „auf\|stehen ".**

**zu Hause bleiben**

ich _____

du _____

er/sie/es _____

～～～～～～～～～～～～～

wir _____

Sie/sie _____

**auf\|stehen**

ich _____

du _____

er/sie/es _____

～～～～～～～～～～～～～

wir _____

Sie/sie _____

*Notizen*

# Lektion 12

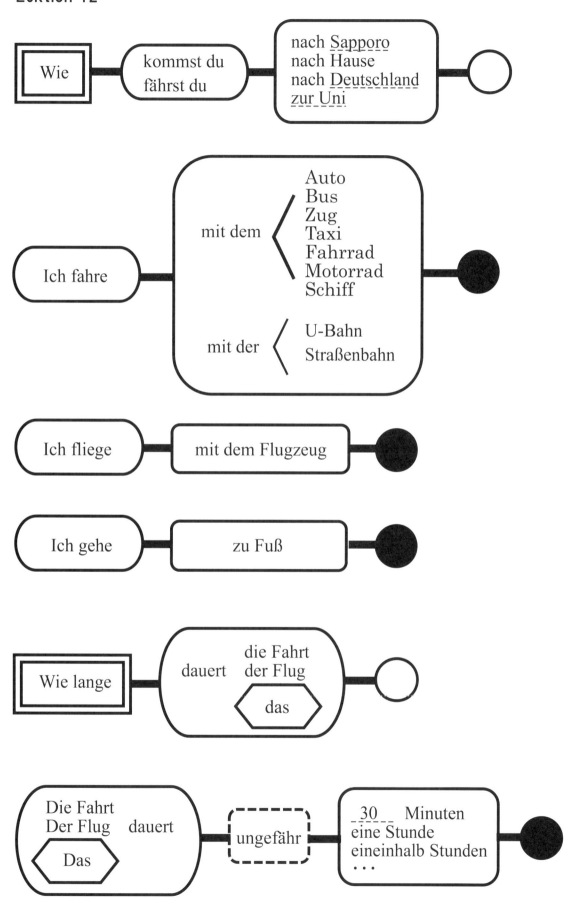

| zur Universität | 大学へ |
| --- | --- |
| zwanzig Minuten | 20分 |

| auch | ～も |
| --- | --- |
| Auto, das, -s | 車 |
| Bus, der, -se | バス |
| dauern | 時間がかかる |
| Deutsch | ドイツ語 |
| Deutschland | ドイツ |
| eine halbe Stunde | 30分 |
| eineinhalb Stunden | 1時間半 |
| eine Stunde | 1時間 |
| Eltern, die | 両親 |
| fahren | （乗り物で）行く |
| Fahrrad, das, -räder | 自転車 |
| Fahrt, die, -en | 走行 |
| fliegen | 飛ぶ、（飛行機で）行く |
| Flug, der, Flüge | 飛行 |
| Flugzeug, das, -e | 飛行機 |
| Fuß, der, Füße | 足 |
| halb- | 半～ |
| immer | いつも |
| in | ～に |
| jeden Tag | 毎日 |
| kommen | 来る |
| lernen | 学ぶ |
| Minute, die, -n | 分 |
| mit | ～で |
| mit dem Auto | 車で |
| mit dem Bus | バスで |
| mit dem Fahrrad | 自転車で |
| mit dem Flugzeug | 飛行機で |
| mit dem Motorrad | バイクで |
| mit dem Schiff | 船で |
| mit der Straßenbahn | 路面電車で |
| mit der U-Bahn | 地下鉄で |
| mit dem Zug | 電車で |
| Motorrad, das, -räder | バイク |
| nach | ～へ |
| nach Hause | 家へ |
| Schiff, das, -e | 船 |
| Straßenbahn, die, -en | 路面電車 |
| Stunde, die, -n | 時間 |
| U-Bahn, die, -en | 地下鉄 |
| ungefähr | 約 |
| Wie lange? | どのくらい？ |
| zu | ～へ |
| zu Fuß gehen | 歩く |
| Zug, der, Züge | 電車 |
| zu meinen Eltern | 両親のところへ |
| zur Uni | 大学へ |

## 1. Konjugieren Sie „fahren".

**fahren**

ich _____

du _____

er/sie/es _____

～～～～～～～～～～～～

wir _____

Sie/sie _____

## 2. Wie heißt das auf Deutsch?

ドイツへ行く _____

大学へ行く _____

親のところへ行く _____

帰宅する _____

歩いて行く _____

東京に行く _____

## 3.

Wie lange dauert das?

_____

Wie lange lernst du jeden Tag Deutsch?

_____

# Lektion 13

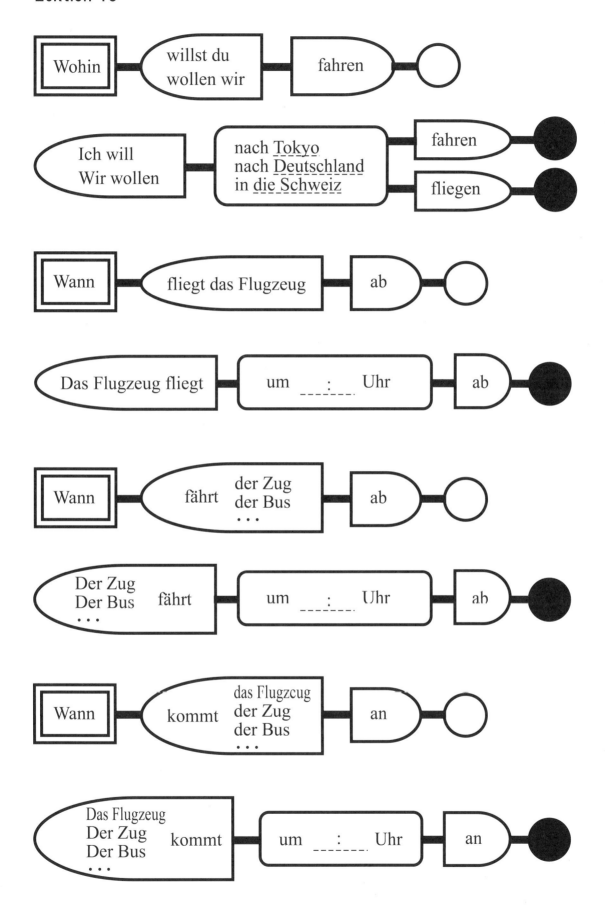

| | |
|---|---|
| ab\|fahren | 出発する |
| Abfahrt, die, -en | 出発 |
| ab\|fliegen | 飛行機で出発する |
| Abflug, der, -flüge | 飛行機での出発 |
| Adresse, die, -n | 住所 |
| an\|kommen | 到着する |
| Ankunft, die | 到着 |
| Aufcnthalt, dcr, -c | 滞在 |
| Brot, das, -e | パン |
| dauern | 時間がかかる |
| eine Reise machen | 旅行する |
| ein\|kaufen | 買い物をする |
| fahren | （乗り物で）行く |
| Fahrt, die, -en | 走行 |
| fliegen | 飛ぶ、（飛行機で）行く |
| Flug, der, Flüge | 飛行 |
| Fluglinie, die | 航空会社 |
| Frühstück, das | 朝食 |
| frühstücken | 朝食をとる |
| Hinflug, der, -flüge | 往路の飛行 |
| Hotel, das, -s | ホテル |
| im Hotel | ホテルに |
| Kaffee, der | コーヒー |
| Karte, die, -n | 地図 |
| kosten | （金額が）かかる、要する |
| landen | 着陸する |
| Minute, die, -n | 分 |
| mit JAL | JAL で |
| Name, der -n | 名前 |
| nach Deutschland | ドイツへ |
| ohne ⇔ mit | ～をつけずに ⇔ ～をつけて |
| Preis, der, -e | 価格、値段 |
| Rückflug, der, -flüge | 復路の飛行 |
| Sehenswürdigkeit, die, -en | 名所 |
| Souvenirs, die | お土産 |
| starten | 離陸する |
| Stunde, die, -n | 時間 |
| übernachten | 宿泊する |
| Übernachtung, die, -en | 宿泊 |
| um\|steigen | 乗り換える |
| um wie viel Uhr | 何時に |
| zu Abend essen | 夕食をとる |
| zu Fuß gehen | 歩く |
| zu Mittag essen | 昼食をとる |

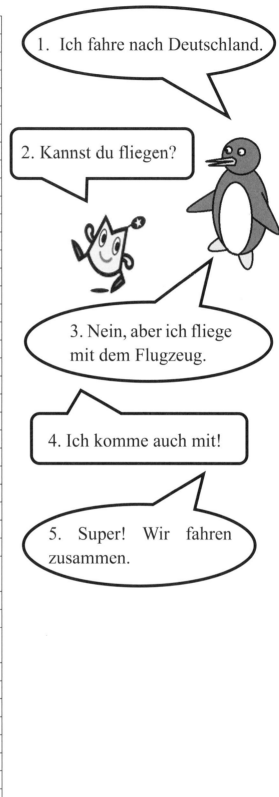

1. Ich fahre nach Deutschland.

2. Kannst du fliegen?

3. Nein, aber ich fliege mit dem Flugzeug.

4. Ich komme auch mit!

5. Super! Wir fahren zusammen.

Notizen

# Lektion 14

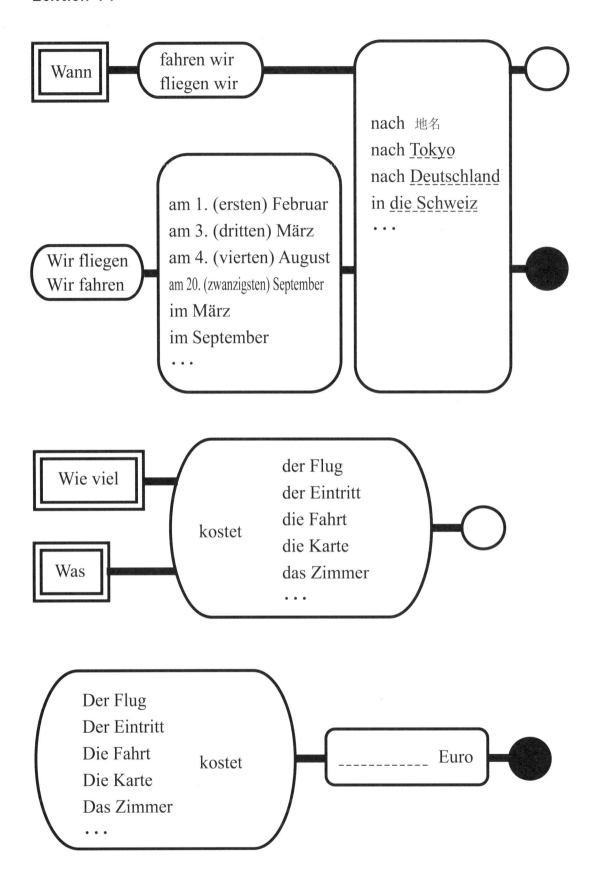

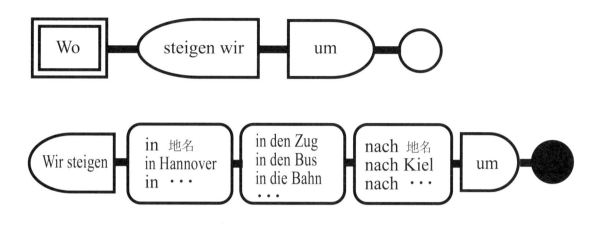

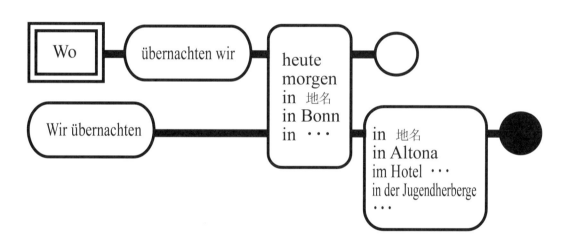

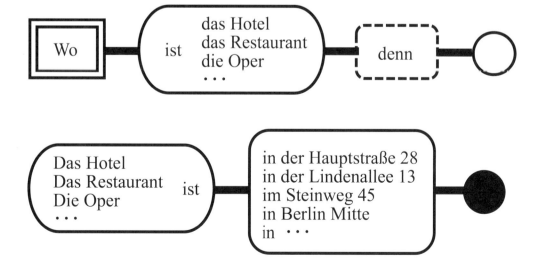

44

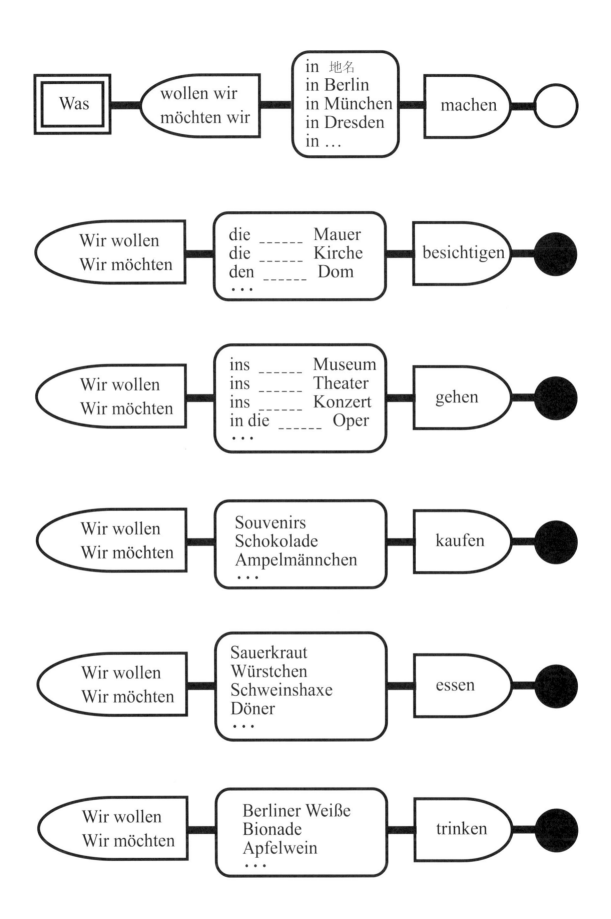

Was — wollen wir / möchten wir — in 地名 / in Berlin / in München / in Dresden / in … — machen ○

Wir wollen / Wir möchten — die _____ Mauer / die _____ Kirche / den _____ Dom / … — besichtigen ●

Wir wollen / Wir möchten — ins _____ Museum / ins _____ Theater / ins _____ Konzert / in die _____ Oper / … — gehen ●

Wir wollen / Wir möchten — Souvenirs / Schokolade / Ampelmännchen / … — kaufen ●

Wir wollen / Wir möchten — Sauerkraut / Würstchen / Schweinshaxe / Döner / … — essen ●

Wir wollen / Wir möchten — Berliner Weiße / Bionade / Apfelwein / … — trinken ●

| | |
|---|---|
| Allee, die, -n | アレー、並木道 |
| Ampelmännchen, das - | アンペルマン、(DDR 由来の) 信号キャラクター |
| am 1. (ersten) März | 3月1日に |
| am 3. (dritten) Mai | 5月3日に |
| am 20. (zwanzigsten) Juli | 7月20日に |
| Apfelwein, der | アプフェルワイン、りんご酒 |
| Berliner Mauer, die | ベルリンの壁 |
| Berliner Weiße, die | ベルリーナーヴァイセ、ベルリン地ビール (シロップ割りが有名) |
| besichtigen | 見学する |
| Bett, das, -en | ベッド |
| Dom, der, -e | 大聖堂 |
| Döner, der | ケバブ |
| Eintritt, der, -e | 入場 |
| Einzelzimmer, das, - | シングルルーム |
| Euro, der | ユーロ |
| im Erdgeschoss | 一階に |
| im Internet | インターネットで |
| im 2. (zweiten) Stock | 三階に |
| in die Oper gehen | オペラに行く |
| ins Museum gehen | 博物館 (美術館) に行く |
| ins Theater gehen | 劇場、演劇に行く |
| Jugendherberge, die, -n | ユースホステル |
| Karte, die, -n | カード、切符 (ticket) |
| Kirche, die, -n | 教会 |
| Konzert, das, -e | コンサート |
| kosten | (金額が)かかる、要する |
| Mauer, die -n | 壁 |
| Museum, das, Museen | 博物館 (美術館) |
| nach | ～へ、～に |
| Oper, die | オペラ |
| Sauerkraut, das | ザワークラウト (キャベツの酢漬け) |
| Schlüssel, der, - | 鍵 |
| Schokolade, die, -n | チョコレート |
| Schweinshaxe, die | 豚のすね肉料理 |
| Souvenirs, die | お土産 |
| Stock, der, - | 階 (floor) |
| Straße, die -n | 通り |
| suchen | 探す |
| Theater, das, - | 演劇、劇場 |
| um\|steigen | 乗り換える |

| | |
|---|---|
| was | 何 |
| Weg, der, -e | 道、道路 |
| wie viel | どのくらい |
| wo | どこ |
| wollen | 欲しい、～したい |
| Zimmer, das - | 部屋 |
| Zwei-Bett-Zimmer, das | ダブルルーム |

*Notizen*

Notizen

## 単語リスト

### A

abends　晩に

aber　しかし

ab|fahren　出発する

Abfahrt, die, -en　出発

ab|fliegen　（飛行機で）出発する

Abflug, der, -flüge　飛行機での出発

Ach so.　ああ、そうですか。

Adresse, die -n　住所

Ah.　ああ、なるほど。

aktiv　活発な

Allee, die, -n　アレー、並木道

Alphabet, das, -e　アルファベート

als　～として

Als was?　どんな職種で？

alt　古い、老年の

Alter, das, -　年齢

am　～曜日に、～日に

am Abend　晩に

am 3. (dritten) Mai　5月3日に

am 1. (ersten) März　3月1日に

am liebsten　一番好き

am Mittag　昼に

am Morgen　朝に

am Nachmittag　午後に

am Vormittag　午前に

am Wochenende　週末に

am 20. (zwanzigsten) Juli　7月20日に

Ampelmännchen, das -　アンペルマン、(DDR 由来の) 信号キャラクター

an　～のところで、～で

an der TU Muroran　室蘭工業大学で

an der Uni　大学で

Angaben zur Person　個人情報

Angestellte　会社員（女）

Angestellter　会社員（男）

an|kommen　到着する

Ankunft, die　到着

Anmeldung, die, -en　申し込み、届け出、登録

Apfelsaft, der　リンゴジュース

Apfelwein, der　アプフェルワイン、りんご酒

April, der　4月

Aquarium, das, -rien　水族館

Arabisch　アラビア語

arbeiten　働く、仕事する

Architekt　建築家（男）

Architektin　建築家（女）

Architektur, die　建築学

Ästhetik, die, -en　美学

Atom, das, -e　原子

Aubergine, die, -n　ナス

auch　～も

Auch gut, danke.　私も元気です、ありがとう。

auf Deutsch　ドイツ語で

auf Englisch　英語で

auf Japanisch　日本語で

Auf Wiedersehen!　さようなら！

Aufenthalt, der, -e　滞在

auf|stehen　起きる

aus　～から

Auto, das, -s　車

### B

Badminton spielen　バドミントンをする

Band, die, -s　バンド

Basketball spielen　バスケットボールをする

Beamter　公務員（男）

Beamtin　公務員（女）

beginnen　始まる

bei　～で、～の近くで、～に

bei einem Klub (sein) クラブに所属している

bei keinem Klub (sein) クラブに所属していない

Beispiel, das, -e 例

Berliner Mauer, die ベルリンの壁

Berliner Weiße, die ベルリーナーヴァイセ、ベルリン地ビール（シロップ割りが有名）

Beruf, der, -e 職業

beruflich 職業上の

beschäftigt sein 忙しい

besichtigen 見学する

Bett, das, -en ベッド

Bibliothek, die, -en 図書館

Bier, das ビール

Biologie, die 生物学

bis 〜まで

Bis dann! じゃあまた！

Bis nächste Woche! また来週！

bitte お願いします、どうぞ

Bitte, bitte! どういたしまして！

bleiben いる、残る

Brot, das, -e パン

Bruder, der, Brüder 兄、弟

buchstabieren スペルを言う

Bus, der, -se バス

Butter, die バター

Bürokraft, die, -kräfte 事務員

## C

Chemie, die 化学

Chemiker 化学者（男）

Chemikerin 化学者（女）

Chinesisch 中国語

Chor, der, Chöre 合唱団

Cola, das コーラ

Computerspiel, das, -e コンピューターゲーム

Cousin, der, -s 従兄弟

Cousine, die, -n 従姉妹

Curryreis, der カレーライス

Currywurst, die, -würste カレーソーセージ

## D

dabei (sein) 所属している

danach その後

Dänemark デンマーク

Dänisch デンマーク語

Danke! ありがとう！

Danke gut, und dir? 元気です、君は元気？

dann それから

das これ、それ

Das geht ja. あまり大変ではないね。

Das geht. まあ、だいじょうぶ。

Das ist aber viel! それは多いね！

Das ist lecker. それはおいしい。

Das ist nicht so viel! それはそれほど多くないね！

Das ist wenig! それは少ないね！

Das schmeckt gut. それはおいしい。

Das stimmt. そのとおり。

Das weiß ich nicht. 知りません。

Datum, das, Daten 日付

dauern 時間がかかる

dein 君の

den ganzen Tag 一日中

denn なぜなら、興味を示す時の denn

Deutsch ドイツ語

Deutschland ドイツ

Deutschunterricht, der ドイツ語の授業

Dialog, der, -e 会話、対話

Dienstag, der, -e 火曜日

dir 君に

divers 多様、ディバース（「男性」、「女性」以外の第 3 の性）

Dom, der, -e 大聖堂

Donnerstag, der, -e 木曜日

Döner, der　ケバブ

du　君

Durst, der,　（喉の）渇き

DVD, die, -s　DVD


## E

eigentlich　そもそも、本当は

ein Bier trinken gehen　飲みに行く

ein bisschen　ちょっと

ein Glas Rotwein　グラス一杯のワイン

eine halbe Stunde　30分

eine Reise machen　旅行する

eine Stunde　1時間

eineinhalb Stunden　1時間半

einfach　簡単

ein|kaufen　買い物をする

einkaufen gehen　買い物に行く

Eintritt, der, -e　入場

Einzelkind , das, -er　一人っ子

Einzelzimmer, das, -　シングルルーム

Eltern, die　両親

E-Mail-Adresse, die, -n　メールアドレス

Energie, die, -n　エネルギー

Englisch　英語

Enkel, der, -　孫息子

Enkelin, die, -nen　孫娘

Enkelkind, das, -er　孫

Entschuldigung!　すみません！

er　彼

ernst　まじめな

es　それ（英：it）

Es gibt...　〜がある、いる

Es macht Spaß.　楽しい。

essen　食べる

essen gehen　食べに行く

etwa　およそ、約

etwas　何か、少し

Euro, der　ユーロ


## F

fahren　（乗り物で）行く

Fahrrad, das, -räder　自転車

Fahrrad fahren　自転車に乗る

Fahrt, die, -en　走行

Familie, die, -n　家族

Familienname, der, -n　名字、姓

faul　怠け者

Film, der, -e　映画

finden　〜と思う

Fisch, der, -e　魚

fleißig　頑張り屋

fliegen　飛ぶ、（飛行機で）行く

Flug, der, Flüge　飛行

Fluglinie, die　航空会社

Flugzeug, das, -e　飛行機

Forschung, die, -en　研究

Frankreich　フランス

Französisch　フランス語

frei haben　暇がある、授業がない、仕事がない

Freistunde, die, -n　自由時間、空きコマ

Freitag, der, -e　金曜日

Freund, der, -e　友人（男）

Freundin, die, -nen　友人（女）

freundlich　優しい

fröhlich ↔ ernst　　明るい ↔ まじめな

Frühstück, das　朝食

frühstücken　朝食をとる

für　〜のために、〜のための

für Englisch　英語のための

Fuß, der, Füße　足

Fußball spielen　サッカーをする

Fußballspiel, das, -e　サッカーの試合

## G

ganz　完全な、すっかり、まあまあ

ganz gut　まあまあ良い、そこそこ良い

gehen　（歩いて）行く

Geburtsdatum, das, -daten　生年月日

Geburtsort, der, -e　出生地

Geige, die, -n　ヴァイオリン

Gemüsesaft, der　野菜ジュース

gern(e)　好き、喜んで

Geschlecht, das, -er　性別

Geschwister, die　兄弟姉妹

Gesundheit, die, -en　健康

Gitarre, die, -n　ギター

Go, das　碁

Gratin, das, -s　グラタン

Griechenland　ギリシア

Griechisch　ギリシア語

Großeltern, die　祖父母

Großmutter, die, -mütter　祖母

Großvater, der, -väter　祖父

gut　上手、良い

Guten Abend　こんばんは

Guten Morgen　おはよう

Guten Tag　こんにちは

Gyros, das　ギロス

## H

haben　ある、持っている

Hackfleisch, das　ひき肉

halb-　半〜

Hallo!　こんにちは！（インフォーマル）

Handynummer, die, -n　携帯番号

Hast du Geschwister?　兄弟姉妹はいますか？

Hauptstadt, die, -städte　首都

Hausaufgabe, die, -n　宿題

heißen　〜と呼ばれている、〜という意味である

heute　今日

Himmel, der, -　空、天

Hinflug, der, -flüge　往路の飛行

Hiwi, der, -s　研究補助員

Hm.　ふむ

Hobby, das, -s　趣味

hören　聞く

Hotel, das, -s　ホテル

hübsch　かわいい

Hunger, der　空腹

## I

ich　私

Ich bin ….　私は〜だ。

Ich bin / komme aus ….　私は〜の出身です。

Ich bin wirklich sehr beschäftigt.　本当にとても忙しいです。

Ich habe keine Zeit.　私は時間がない。

Ich heiße ….　私は〜というの。

Ich jobbe nicht.　私はアルバイトしない。

Ich muss los!　行かなきゃ！

ihn　彼を

Ihnen　あなたに

ihnen　彼らに

Ihr　あなたの

im Aquarium　水族館で

im Erdgeschoss　一階に

im Hotel　ホテルに

im Internet　インターネットで

im Internet surfen　ネットサーフィンをする

immer　いつも

im 2. (zweiten) Stock　三階に

in　〜で、〜に

in den Kindergarten gehen　幼稚園に通う

in der dritten Stunde　三限目に

in der ersten Stunde　一限目に

in der fünften Stunde　五限目に

in der vierten Stunde　四限目に

in der zweiten Stunde　二限目に

in die Grundschule gehen　小学校に通う

in die High School gehen　高校に通う

in die Junior High School gehen　中学校に通う

in die Oper gehen　オペラに行く

Indien　インド

Industrie, die, -n　工業、産業

Informatik, die　情報科学、コンピューター工学

Informatiker　情報科学者（男）

Informatikerin　情報科学者（女）

Ingenieurwissenschaften, die　工学

ins Café gehen　喫茶店に行く

ins Kino gehen　映画館に行く

ins Museum gehen　博物館（美術館）に行く

ins Theater gehen　劇場、演劇に行く

intelligent　頭の良い

interessant ↔ langweilig　面白い ↔ 退屈な

Ist das gut?　それはおいしいですか？

Ist das lecker?　それはおいしい？

Italien　イタリア

Italienisch　イタリア語

## J

Ja.　はい。（英：Yes.）

Ja, das geht.　ああ、それは大丈夫。

Ja, das ist lecker!　はい、それはおいしいです。

Ja, das schmeckt prima!　はい、それはとてもおいしいです。

Jahr, das, -e　年

Japan　日本

Japanisch　日本語

Jazz, der　ジャズ

Jazzklub, der, -s　ジャズクラブ

jede-　毎〜

jeden Tag　毎日

jetzt　今

jobben　アルバイトする

jobben gehen　アルバイトに行く

Jod, das　ヨウ素

Jogurt, der　ヨーグルト

Jugendherberge, die, -n　ユースホステル

jünger-　より若い

## K

Kaffee, der　コーヒー

Kakao, der　ココア

Kalmar, der　ヤリイカ

Karate machen　空手をする

Karte, die, -n　地図、カード、切符（ticket）

kein　一つも〜ない

keinen Unterricht haben　授業がない

Kellner, der, -　ウェイター、ホール係（男）

Kellnerin, die, -nen　ウェイトレス、ホール係（女）

kennen　知っている

Kennst du das?　それを知っている？

Kernenergie, die, -n　原子力

Ketchup, der / das, -s　ケチャップ

Kind, das, -er　子供

Kirche, die, -n　教会

klassische Musik　クラシック音楽

Klavier, das, -e　ピアノ

Klub, der, -s　クラブ

kommen　来る、〜出身である

Kommt sofort.　すぐに持ってきます。

konjugieren　変化させる

können　できる、〜することができる

Konzert, das, -e　コンサート

Koreanisch　韓国語

kosten　（金額が)かかる、要する

Kurs, der, -e　コース、授業

## L

landen　着陸する

langweilig　退屈な

lecker　おいしい

Lehrer　教師（男）

Lehrerin　教師（女）

leicht　簡単、軽い

lernen　学ぶ、覚える、勉強する

Licht, das, -er　光、照明

lieber　～のほうが好き

Luxemburg　ルクセンブルク

Luxemburgisch　ルクセンブルク語

## M

machen　作る、する

Magnet, der, -e　磁石

Makrele, die　サバ

-mal　～回

man　人は（不特定の人）

manchmal　時々

männlich　男性の

Maschinenbau, der　機械工学

Mathematik, die　数学

Matrikelnummer, die, -n　学籍番号

Mauer, die, -n　壁

Medizin, die　医学

Meeresbiologie, die　海洋生物学

mein　私の

meistens　たいてい

Milch, die　牛乳

Minute, die, -n　分

Miso, das, -s　味噌

mit　～をつけた、のせた、入り、（人）と 、～で

mit dem Auto　車で

mit dem Bus　バスで

mit dem Fahrrad　自転車で

mit dem Flugzeug　飛行機で

mit dem Motorrad　バイクで

mit dem Schiff　船で

mit der Straßenbahn　路面電車で

mit der U-Bahn　地下鉄で

mit dem Zug　電車で

mit Freunden　友人たちと

mit JAL　JAL で

mit Milch / Zucker　牛乳入り / 砂糖入り

mit|kommen　一緒に来る、一緒に行く

mittags　昼に

Mittagspause, die, -n　昼休み

Mittwoch, der, -e　水曜日

möchten　　～したい、欲しい

Monat, der, -e　月

Montag, der, -e　月曜日

morgen　明日

Motorrad, das, -räder　バイク

Museum, das, Museen　博物館（美術館）

Musik hören　音楽を聴く

Musik machen　音楽活動をする

Mutter, die, Mütter　母

## N

Na ja, es geht.　まあまあだね。

Na, so was.　なんてことだ。

nach　～の後、～へ、～に

nach dem Unterricht　授業の後

nach Deutschland　ドイツへ

nach Hause　家へ

Nachhilfelehrer, der, -　塾講師、家庭教師（男）

Nachhilfelehrerin, die, -nen　塾講師、家庭教師（女）

nachmittags　午後に

Nachrichten, die　ニュース

nächst-　次の～

nächste Woche　来週

Nacht, die, Nächte　夜

nachts　夜に

Name, der, -n　名前

Natur, die　自然

Neffe, der, -n　甥

Nein.　いいえ。（英：No.）

nett　感じの良い

Niederlande, die　オランダ

Niederländisch　オランダ語

nicht　〜ない（英：not）

nicht gut　上手ではない

nicht so　それほど〜ない

nicht so gern　それほど好きではない

nicht so gut　それほど上手ではない

Nicht so toll.　それほどよくない。

nicht so viel　それほど多くない

Nichte, die, -n　姪

noch einmal　もう一度

Noch einmal, bitte.　もう一度お願いします。

noch nie gehört　聞いたことがない

nur　〜だけ、〜しか〜ない

## O

oft　よく、たびたび

Oh, toll!　すばらしいね！いいね！

ohne ⇔ mit　　　〜をつけずに ⇔ 〜をつけて

ohne Milch / Zucker　牛乳なし / 砂糖なし

okay　オッケー

Ökologie, die　生態学、エコロジー

Oktopus, der　タコ

Onkel, der, -　叔父

Oper, die　オペラ

Orangensaft, der　オレンジジュース

Orchester, das, -　オーケストラ

ordentlich ↔ unordentlich / chaotisch　几帳面な ↔ だらしのない

Ort, der, -e　場所、現場

Österreich　オーストリア

Ozon, das　オゾン

## P

packend　感動的な

Personalien　履歴

Philosophie, die　哲学

Pizza, die, -s　ピザ

Plutonium, das　プルトニウム

Polen　ポーランド

Politik, die　政治

Polnisch　ポーランド語

Popmusik, die　ポップス

Portugal　ポルトガル

Portugiesisch　ポルトガル語

Postleitzahl, die -en　郵便番号

Preis, der, -e　価格、値段

prima　すばらしい

pro　〜につき

pro Woche　一週間に

proben　リハーサルをする

Psychologie, die　心理学

## Q

Qualität, die, -en　質

## R

Radio hören　ラジオを聴く

Reaktor, der, -en　原子炉

Referat, das, -e　発表、プレゼン

Reis, der　米

Reiswein, der　日本酒

Rückflug, der, -flüge　復路の飛行

Russisch　ロシア語

## S

Saft, der, Säfte　ジュース

Sag mal …　ところで

Sake, der　日本酒

Salat, der, -e　サラダ

Samstag, der, -e　土曜日

Sardine, die　イワシ

Sauerkraut, das　ザワークラウト（キャベツの酢漬け）

Schach, das　チェス

Schiff, das, -e　船

Schlüssel, der, -　鍵

Schmeckt das gut?　それはおいしい？

Schokolade, die, -n　チョコレート

schon　もう、すでに

Schweinshaxe, die　豚のすね肉料理

Schweiz, die (aus der Schweiz)　スイス（スイスから）

schreiben　書く

Schüler, der, -　生徒（男）

Schülerin, die, -nen　生徒（女）

schwer　難しい、重い

Schwester, die, -n　姉、妹

schwimmen　泳ぐ

Schwimmlehrer, der, -　水泳の先生

sehen　見る

Sehenswürdigkeit, die, -en　名所

sehr　とても

sein＋1格　〜である、〜だ。

seit　〜以来・前から

seit einem Monat　一か月前から

seit einem halben Jahr　半年前から

seit einer Woche　一週間前から

Seit wann?　いつから？

seit zehn Jahren　10年前から

Seminar, das, -e　ゼミ、演習

sich treffen　会う

sich treffen mit　〜と会う

Sie　あなた（丁寧）

sie　彼女、彼ら

singen　歌う

Ski fahren　スキーをする

Snowboard fahren　スノーボードをする

Sohn, der, Söhne　息子

Sonne, die, -n　太陽、日光

Sonntag, der, -e　日曜日

Souvenirs, die　お土産

Spaghetti, die　スパゲッティ

Spanien　スペイン

Spanisch　スペイン語

spazieren gehen　散歩をする

sportlich ↔ unsportlich　運動神経の良い ↔ 運動神経の悪い

Sport machen　スポーツをする

Sport, der　スポーツ

sprechen　話す

starten　離陸する

Stimmt so.　お釣りはけっこうです。

Stock, der, -　階 (floor)

Straße, die -n　通り

Straßenbahn, die, -en　路面電車

streng　厳しい

Student, der, -en　学生（男）

Studentin, die, -nen　学生（女）

Studienfach, das, -fächer　専攻科目

studieren　（大学で）専攻する

Studium, das, Studien　（大学での）学修、勉学

Stunde, die, -n　時間、〜限目

suchen　探す

super　すばらしい

Suppe, die, -n　スープ

surfen　サーフィンをする

Sushi, das, -s　寿司

sympathisch ↔ unsympathisch　感じの良い ↔ 感じの悪い

## T

Tag, der, -e　日

Tante, die, -n　叔母

tanzen　踊る

tauchen　もぐる

Technik, die, -en　技術、工学

Tee, der, -s　茶、紅茶

Theater, das, -　演劇、劇場

Tisch, der, -e　机、テーブル

Tischtennis, das　卓球

Tochter, die, Töchter　娘

Tofu, der/das　豆腐

toll　すごい、すばらしい

Tomatensaft, der　トマトジュース

trainieren　トレーニングする

Training, das, -s　トレーニング

treffen　会う

trinken　飲む

Tschechien　チェコ

Tschechisch　チェコ語

Tschüss!　バイバイ！じゃあね！

## U

U-Bahn, die, -en　地下鉄

üben　練習する

Überfluss, der　過剰

übernachten　宿泊する

Übernachtung, die, -en　宿泊

übrigens　ところで

Uhr, die, -en　時計、～時

Uhrzeit, die, -en　時刻

um　～時に

um wie viel Uhr　何時に

um|steigen　乗り換える

Umwelt, die　環境

und　そして、～と

Und du?　君は？

ungefähr　約

Uni, die, -s　大学

Universität, die, -en　大学

unsympathisch　感じの悪い

Unterricht, der　授業

Unterrichtsstunde, die, -n　授業時間、コマ

Unterschrift, die, -en　サイン

## V

Vater, der, Väter　父

Verfahren, das　やり方、方法

Verkäufer, der, -　店員（男）

Verkäuferin, die, -nen　店員（女）

Verstehe.　わかった。

viel　多い

von　～から

Vorlesung, die, -en　講義

vormittags　午前に

Vorname, der, -n　名前、ファーストネーム

## W

Wann?　いつ？

was　何

Was?　何？

Was gibt es?　何がある？

Was ist das？　それは何？

Wasser, das　水

Weg, der, -e　道、道路

weiblich　女性の

Wein, der　ワイン

Weiß noch nicht.　まだ分からない。

wenig　少ない

Wer　だれ

Wie?　どう？

Wie alt bist du?　君は何歳ですか？

Wie alt ist er/sie?　彼／彼女は何歳ですか？

Wie alt sind Sie?　あなたは何歳ですか？

Wie bitte?　何ですって？、もう一度お願いします。

Wie findest du …?　〜をどう思う？

Wie geht's?　元気？

Wie heißt du?　君は何というの？

Wie lange?　どのくらい？

Wie oft?　何回？（頻度を尋ねる）

Wie oft trefft ihr euch?　君たちは何回集まるの？

Wie spät?　何時？

Wie spät ist es?　何時？

wie viel　どのくらい

Wie viel(e)?　どのくらい？

wir　私たち

wirklich　本当に

Wir treffen uns　私たちは会う、集まる

wo　どこ

Wo ist das?　それはどこ？

Wo wohnst du?　どこに住んでいるの？

Woche, die, -n　週

Wochenende, das, -n　週末

woher　どこから、出身を聞く単語

Woher kommst du?　出身はどこ？

wohin　どこへ

wohnen　住む

Wohnort, der, -e　居住地

wollen　欲しい、〜したい

Zeit, die　時間

Zentrum, das , -tren　中心、中央

ziemlich　かなり

Zimmer, das -　部屋

Zitrone, die, -n　レモン

zu　〜へ

zu Abend essen　夕食をとる

zu Ende sein　終わる

zu Fuß gehen　歩く

zu Hause　家で

zu meinen Eltern　両親のところへ

zu Mittag essen　昼食をとる

Zucker, der　砂糖

Zug, der, Züge　電車

zum Beispiel (z. B.)　例えば

zum Klub gehen　クラブに行く

zur Uni　大学へ

zur Universität　大学へ

zurzeit　今のところ

zusammen　一緒に

zwanzig Minuten　20分

Zwei-Bett-Zimmer, das　ダブルルーム

zwischen　〜と…の間に

## X

X- Strahlen　X線

## Y

Yeti, der, -s　雪男

## Z

Zahl, die, -en　数字

**総括責任者　クラウゼ＝小野・マルギット**

（室蘭工業大学　ひと文化系領域　教授）

**ピカット・マキシー**

（室蘭工業大学　ひと文化系領域　講師）

**杉浦康則**

（室蘭工業大学　ひと文化系領域　非常勤講師）

室蘭工業大学 CEFR 準拠外国語教材

ドイツ語 2024年度版

2016 年 4 月 1 日　初版発行　**定価 本体 1,400 円（税別）**
2024 年 3 月31日　9 版発行

編 著 者　杉　浦　康　則
発 行 者　近　藤　孝　夫
印 刷 所　萩原印刷株式会社

発 行 所　株式会社　**同　学　社**

〒 112-0005　東京都文京区水道 1-10-7
電話代表 (3816)7011・振替 00150-7-166920

ISBN 978-4-8102-0341-7　　　　　Printed in Japan